APPEL

A L'HONNEUR FRANÇAIS,

SUR LE

JUGEMENT DE LOUIS XVI

ET LA FÊTE DU 21 JANVIER.

PAR M. E***

> Hos ludos vocant, in quibus humanus sanguis effunditur, adeò longè ab hominibus secessit humanitas, ut cùm animas hominum interficiant, ludere se opinentur, nocentiores iis omnibus quorum sanguinem voluptati habent.
>
> *Lact. div. just. Liv. VI. cap. 20.*

A PARIS,

An V^e. M. DCC. LXXXXVI.

PRÉFACE.

A l'approche de pluviôse, l'ame de tout bon Français s'élève et s'échauffe ; on se rappelle l'époque mémorable où la liberté fut à jamais affermie par le plus brillant acte de justice, de politique et de grandeur, dont l'histoire des hommes offre l'exemple.

La tête du tyran annonça par sa chûte, la chûte de l'esclavage et des préjugés qui, durant treize cents ans, avoient fait sous les rois, le malheur et la honte des Français. L'arbre sacré de la liberté étendit ses profondes racines sur les débris des lys , et tout-à-coup, comme à l'envie, les vertus, les lumières, le bonheur et la gloire, devinrent le partage de notre heureux pays.

Tandis que, pour célébrer l'anniversaire d'un si beau jour, je préparois le plan d'une fête civique, qui, j'ose le croire, seroit digne de l'événement dont elle consacreroit la mémoire, et de l'immortelle renommée qu'il promet à la France. Quel a été mon étonnement, quelle a été ma douleur en apprenant que ses ennemis osoient tenter de s'opposer à ce qu'aucune pompe n'illustrât ce grand jour ; qu'un écrivain distillant le poison du royalisme, devoit le faire circuler au sein même du corps législatif ; qu'enfin, les généreux représentans qui, jusqu'alors, avoient forcé l'envie à permettre d'honorer la plus sublime époque de la révolution, eux-mêmes découragés par la calomnie, sembloient balancer à se charger encore de cette honorable cause (1).

---

(1) On sait que ce fut Duhot qui, l'année dernière, eut le courage de se charger de l'honorable demande de cette fête que les ennemis de la patrie

Pour m'opposer à la honte de ma patrie, pour ranimer ses défenseurs, il falloit prévenir le royalisme et dévoiler sur-le-champ ses desseins : c'est ce que j'entreprends d'abord ici. Je le combattrai avec ses propres armes ; je ferai servir à la ruine de ses projets les écrits qui devoient les favoriser, et dont heureusement une main fidèle m'a transmis la copie. Ils étoient destinés surtout au corps législatif. Eh ! bien, ils y par-

---

vouloient laisser tomber dans l'oubli. Jaloux de sa gloire, tous les serpens de l'envie ont siflé contre lui. On a osé dire qu'il ne s'étoit chargé de cette démarche qu'à des conditions dont il ne se soucioit point de parler. On a été jusqu'à citer toutes les circonstances de ces conditions. Nous savons que ce vertueux représentant, découragé par la calomnie, a déclaré que cette année il ne pouvoit se charger de la même demande. Lamarque, sur lequel on comptoit beaucoup, a refusé. On sait qu'il y a plusieurs autres généreux représentans à qui les amis du bien présentent, pour les convaincre, les mêmes argumens irrésistibles qui avoient déterminé Duhot. Nous espérons qu'on parviendra à les engager à braver les vaines clameurs des royalistes, et à paroître à la tribune. Ah ! qu'ils paroissent, la gloire les attend pour les couronner.

viendront, ils y parviendront même plutôt qu'ils ne l'eussent fait sans moi : mais je saurai placer l'antidote à côté du poison. Je montrerai la foiblesse de leurs moyens, je réfuterai leurs vains sophismes ; je détruirai jusques dans ses fondemens cet édifice de la malveillance, et je ne laisserai à ses auteurs que la honte de leur entreprise et le regret de son inutilité. La plus juste, la plus auguste des causes, paroîtra dans tout son jour, brillera d'un nouveau lustre, et les desseins de ses ennemis n'auront servi, je l'espère, qu'à rendre son triomphe plus éclatant.

Qu'ils ne pensent pas au reste, que je veuille m'abaisser à déguiser leurs frivoles objections. L'auteur de l'ouvrage criminel que je vais transcrire ici, pour le réfuter, verra que, dans ma scrupuleuse fidélité, je ne me suis pas permis d'en altérer même un seul mot.

C O P I E exacte de l'écrit séditieux qui doit être adressé au Corps législatif vers la fin de Nivôse.

C'E S T aux représentans d'une nation qui se montra souvent grande et généreuse, qu'au nom de tous les vrais amis de sa gloire, j'adresse cet écrit. Puissent - ils, épargnant une tache nouvelle à l'honneur français, prévenir l'action flétrissante que ses ennemis projettent et qu'ils osent appeler une fête ! Puissent ceux qui gouvernent, éclairés sur leurs intérêts comme sur leurs devoirs, sentir qu'un pareil spectacle pouvoit être ordonné par les tyrans qui vouloient tout détruire, jusqu'aux vertus ; mais, que ceux qui s'annoncent pour établir le seul empire des lois, doivent aux hommes l'exemple et la leçon de tous les sentimens généreux, de la clémence, de la grandeur d'ame, du respect pour le malheur !

Ces maximes, sans doute, exciteront les clameurs des partisans, trop nombreux, du désordre et de l'anarchie. Ils ne pardonneront point à ceux qui forment des vœux si contraires à leurs desseins ; ils les peindront comme uniquement animés par la haine du gouvernement et par des intérêts particuliers. Qu'ils sachent que les plus dangereux ennemis d'un gouvernement, sont ceux qui

veulent l'entraîner à de honteuses démarches,
qui osent lui conseiller d'indignes vengeances, et
qui appellent ainsi sur lui le mépris et la haine.
Qu'ils sachent enfin que chercher à prévenir
par la seule persuasion, une démarche insensée,
aussi contraire à l'honneur, qu'aux intérèts de la
France ; oser exprimer ce qui est au fond de tous
les cœurs vertueux, est une liberté légitime autant qu'utile, qu'eux seuls et les tyrans qu'ils
ont servis, auroient pu défendre et punir.

Je m'honorerai donc hardiment de cette liberté
aux yeux de mon pays, et dans un moment où
l'on semble se borner au vain éloge de la franchise et du courage, j'essayerai de donner
l'exemple et le signal de ces vertus.

Vous, qui réglez maintenant les destinées de
la France et qui lui devez compte de tout ce qui
peut y influer ; vous, de qui l'on veut obtenir
l'ordre de célébrer la mort de Louis X V I,
êtes - vous bien sûrs que le jugement qui l'ordonna, fût dicté par la justice ; et ne consentirez-
vous pas à reporter vos regards sur cet événement terrible ?

J'aurois le droit de nier, sans doute, que
jamais le jugement d'un roi pût être légitime ;
d'observer que ce n'est jamais une nation qui juge
son roi, mais seulement la faction qui la domine ;
que jamais un pareil événement n'arrive que pré-
paré par le désordre et la violence, et que les

oppresseurs , qui , par la chûte d'un roi , acquièrent le pouvoir de le juger, ont toujours en même-tems la volonté de le trouver coupable et les moyens d'y parvenir. Qu'enfin, le calme , l'impartialité, qui , dans les jugemens ordinaires , ne sont encore, au milieu des erreurs humaines, que des sauve-gardes imparfaites de l'innocence, ne pouvant jamais présider au jugement d'un roi, il ne doit être regardé que comme une proscription ordonnée par la force et revêtue avec plus ou moins d'art , des formes profanées de la justice. L'histoire en effet n'offre aucun exemple d'un roi jugé et absous.

Je pourrois ajouter que , pour que ces formes ne fussent pas totalement violées ; pour en conserver quelques vestiges, il faudroit que la nation même parût intervenir dans le jugement de son roi ; connoître les détails et les preuves de l'accusation ; qu'elle parût enfin dans sa majorité rendre le jugement, ou du moins le confirmer ; et sans doute, sous cet aspect, la convention ne devoit pas être le juge, et le juge unique de Louis XVI.

Je ne m'autoriserai point cependant de ces considérations, quelques puissantes qu'elles soient ; et j'admettrai, par une supposition étrangement gratuite, que la convention eût le droit légitime de juger le roi des Français.

Comment du moins usa-t-elle de ce droit ?

Il sembloit qu'en s'arrogeant une prérogative si essentielle, sans daigner même consulter ce peuple qu'elle nommoit souverain; en s'établissant l'arbitre d'une décision qui devoit influer à jamais sur l'honneur de la nation française et sur ses plus chers intérêts, elle contractoit l'obligation de s'en montrer digne par tous les moyens possibles. Il sembloit ainsi que l'examen le plus réfléchi, l'équité la plus scrupuleuse, présideroient à ce jugement mémorable; que non-seulement toutes les formes qui, selon les lois, devoient protéger les accusés ordinaires, protégeroient l'infortuné Louis XVI; mais que la convention, dans cette discussion la plus grande qui put occuper des hommes, croiroit devoir encore ajouter à leur exactitude; qu'elle expieroit enfin l'action de juger son roi, et de le juger sans l'aveu de la nation, à force d'impartialité, de sagesse et de grandeur.

Cependant, ne puis-je pas, avec l'Europe indignée, lui demander compte d'une conduite entièrement opposée? Ne puis-je pas lui demander, pourquoi cette cruelle et incroyable précipitation qui, loin de donner à l'accusé le tems nécessaire à sa défense, ne lui permit pas même de lire tous les écrits qu'on produisoit contre lui; précipitation qui fut telle, que la France vit en quelques jours commencer et finir le procès le plus important dont elle eut gardé le souvenir?

Pourquoi ces deux seuls interrogatoires, d'après lesquels, on décida, sans daigner faire aucune observation sur les réponses , si simples , si vraies, si convaincantes de l'accusé? Pourquoi cette étonnante inculpation qui fut le principal prétexte de sa mort, et par laquelle on lui reprochoit d'avoir voulu défendre son palais contre des assassins ; comme si la loi même ne lui en avoit pas fait un devoir exprès ; comme si on pouvoit lui reprocher autre chose , dans cette funeste journée, que la bonté trop grande qui lui fit désirer d'épargner le sang même de ses meurtriers ? Pourquoi la peine de mort prononcée , tandis que la constitution n'indiquoit que la déchéance pour les plus grands crimes d'un roi , et même pour celui d'une guerre ouverte et tyrannique contre ses sujets ?

Je pourrois bien plus encore demander pourquoi ce mépris de toute apparence de justice , poussé à un tel point qu'on s'indigneroit du jugement qui eut ainsi condamné le criminel le plus abject et le moins excusable ; mépris, par lequel cinq voix , dans une assemblée où plus de sept cents personnes avoient droit de voter , décidèrent du sort d'un roi , tandis que les lois ordonnoient, pour les assassins mêmes, une majorité des deux tiers ? Pourquoi , par une suite plus atroce encore de ce mépris, on vit s'asseoir parmi ses juges, tous ses accusateurs, tous ses ennemis, tous ceux qui avoient hautement annoncé l'aveugle soif de son sang ? Comment on put y compter jusqu'à l'usurpateur qui l'avoit renversé du trône , dans l'espoir de s'y placer , et qui , marchandant la mort de son parent et de son bienfaiteur, osa, comme juge, en prononcer l'arrêt, au milieu de ses complices frémissant eux-mêmes d'horreur ? Pourquoi.... mais je rougirois de peser plus long-tems aux balances de l'équité, ce barbare forfait, et de m'abaisser à l'appeller un jugement. Il faudroit donc aussi honorer de ce nom les proscriptions de Sylla, celles d'Octave, d'Antoine et de Lépide, ou celles enfin de ce tribunal de sang qui déshonora trop long-tems la France.

Non, ce n'est pas les détails d'un jugement, que l'on doit se rappeller ; ce sont ceux du plus détestable complot.

Personne n'ignore plus en effet, que la mort de Louis XVI étoit depuis long-tems résolue et payée ; que ce fût cette faction impie, cause de tous les maux de la France, qui la décida et qui voulut, par ce forfait, frayer à d'Orléans le chemin du trône ; d'Orléans, à qui bientôt après, le ciel vengeur assigna la place qui lui étoit dûe, et marqua l'échafaud au lieu du trône.

Ce chef de parti, méprisable autant que pervers, et que, pour peindre, il suffit à présent de nommer, animé contre Louis, plus encore par la haine que le vice porte à la vertu, que par l'ambition, crut pouvoir, à force de crimes, suppléer à l'audace, au génie d'un conspirateur illustre. Il rassembla tous les maux, il s'entoura de tous les scélérats ; par ses ordres, la famine vint favoriser la révolte ; en un instant, le feu de la sédition s'étendit de toutes parts ; la face entière de la France fut changée ; l'honneur, la générosité, les vertus se cachèrent; le crime se montra seul, et vint commander aux Français. Une foule d'hommes inconnus jusqu'alors, qui sembloient n'appartenir à aucun pays et n'être nés que pour le mal, parut à la voix de d'Orléans, et porta par-tout le meurtre et la désolation.

On auroit dit que l'enfer avoit ouvert ses portes et peuplé, tout-à-coup, la France de complices dignes de lui.

Ce fut au milieu de ce désordre universel, dans ces jours de sang et de deuil, que d'Orléans, après avoir forcé, par la crainte, l'assemblée législative à se dissoudre, fit convoquer la convention. Parmi ceux que le peuple put choisir librement dans les endroits où il ne fut pas totalement égaré, d'Orléans introduisit cette foule de scélérats, qui, dans leur courte carrière, ont étonné l'Europe, de leurs forfaits; et qui, depuis, le traînèrent lui-même à l'échafaud et bientôt après l'y suivirent.

Il joignit à ces nombreux complices, ceux que lui procurèrent tous les moyens de séduction réunis; il acheva d'épuiser ses immenses trésors; il employa toutes les promesses faites pour flatter l'ambition et l'intétêt; enfin, la terreur environna ceux qu'il n'avoit pu séduire et leur montra le fer levé sans cesse contr'eux. Sûr alors que la convention ne pouvoit plus lui refuser la mort de son roi, d'Orléans lui dit . . . . jugez-le . . . Ah ! si l'innocence même descendue sur la terre, avoit été traduite alors devant ce tribunal, sans doute elle auroit été condamnée ! Et ce sont ces arrêts qu'on vous propose de confirmer ! Au moment du moins où ils furent rendus , on pouvoit chercher quelque excuse dans les circonstances terribles où on se rencontroit; et si les plus coupables sembleroient avoir droit de les invoquer, combien , sur-tout, ceux que la crainte seule égara. Oui , sans doute, l'histoire en rendant justice au courage des hommes qui s'opposèrent à la mort de Louis XVI , ne refusera pas quelqu'indulgence à la foiblesse des autres , et saura distinguer des scélérats qui commirent le crime, ceux à qui ils en arrachèrent le consentement.

Mais à présent, dans des jours de calme, loin de la crainte , on vous verroit ratifier cette affreuse sentence que la scélératesse et la force ont obtenue. Quelle excuse vous préparez-vous donc aux yeux de la postérité ? Quoi! vous pourriez consacrer lâchement le souvenir d'un forfait que vous rejetteriez avec horreur, s'il étoit encore à commettre? Vous pourriez de sang-froid vous traîner obscurément sur les traces sanglantes des tyrans dont vous détestez la mémoire ? Vous, qui eûtes le malheur de siéger avec eux , confirmerez-vous les arrêts de ces monstres dont vous-mêmes avez purgé la France ?.... Songez du moins que dans leur aveugle ambition , jaloux du pouvoir jusqu'à l'ivresse , immolant tout au désir de régner seuls , ils vous avoient dévoués à la mort. Le destin vous préserva par un prodige inattendu , et sans doute il ne vous sauva pas de leurs fureurs, pour vous apprendre à les approuver... Un moment plus tard, ils vous traînoient à l'échafaud où Louis XVI expira. Vous voulez fêter sa mort !.... Un moment plus tard, les tyrans eussent fêté la vôtre avec la sienne..... Levez-vous donc et confirmez les arrêts de vos bourreaux ?

Mais déjà, par un désaveu solemnel, vous avez rejetté sur eux l'horreur de leurs longues proscriptions. Vous avez annoncé que la convention fût asservie, qu'elle fût forcée de prêter son nom à l'injustice.. Ah ! ne fut-elle pas moins libre encore, quand elle prononça l'arrêt de Louis XVI. Ne fut-elle pas plus puissamment forcée à souffrir sa mort, que celle de tant d'obscurs condamnés dont le sort importoit bien moins à ses tyrans, et qu'elle ne put cependant leur arracher ? Sans leur chûte inespérée, le crime eut continué ses ravages. On eut pu croire que la convention l'ordonnoit, qn'elle y applaudissoit, qu'elle regardoit comme des jugemens équitables, les nombreux assassinats commis avec le glaive des lois. Vous vous souvenez que ces meurtres affreux furent long-tems honorés ; qu'ils le furent comme un reste de scélérats voudroit que le fût encore celui de Louis XVI ; que, loin qu'aucune voix s'élevât contre tant d'horreurs, on en vint jusqu'à élever des autels aux monstres qui les avoient excités. Voilà quels sont les jugemens des hommes !.... Ces autels enfin sont brisés ; mais la vérité se montre lentement toute entière. Osez de vos mains arracher le voile qui la couvre encore. Faites avec gloire ce qu'infailliblement un avenir qui s'approche, feroit à votre honte. Voyez le triomphe passager de tous ces crimes qu'on a voulu ériger en actions vertueuses. Vous avez avoué des milliers de victimes.... osez donc en avouer une encore !

Mais, s'il se pouvoit que cet aveu, que la France entière a déjà fait pour vous, fût rejetté par une politique dangereuse autant que méprisable; si des hommes destinés à représenter un peuple courageux, n'avoient pas la force d'exprimer une vérité qu'ils reconnoissent tous; si vous laissant intimider bassement par les clameurs des pervers ou des insensés, vous pouviez craindre la ridicule accusation d'être les partisans de la royauté, parce que vous ne seriez pas ceux de la scélératesse; parce que vous avoueriez que des assassins ont pu égorger un infortuné; si, vous associant volontairement à leurs crimes, vous adoptiez leur lâche hypocrisie, sans avoir même leurs motifs; car du moins ils étoient intéressés à calomnier la victime qu'ils vouloient immoler. S'il étoit possible enfin, que, par une dissimulation qui n'en imposeroit à personne, vous voulussiez, à quelque prix que ce fût, paroître croire que Louis XVI fut un tyran; je vous dirois encore : rejettez avec indignation la démarche insensée qu'on vous propose.

Je veux admettre en effet ce que nul de vous ne croit au fond du cœur; je veux, passant le terme de toutes les suppositions, fermant l'oreille à tous à tous les cris de la vérité ; je veux admettre que d'Orléans, Robespierre, leurs complices, furent des juges intègres, que la convention fût parfaitement libre sous leur joug de fer, que Louis XVI fût coupable, qu'il fût digne de son sort... oui... je forcerai ma main à l'écrire... Louis XVI mérita la mort ; eh bien ! il l'a reçue. Il a péri sur un échafaud ; tout son sang a coulé aux yeux de ce même peuple qui, avant d'être égaré, lui donna long-tems les noms de bienfaiteur et de père. Il a péri, abreuvé de tous les malheurs que l'humanité peut connoître ; précipité du premier trône de l'Europe dans un cachot ; il y laissa cette famille qu'il chérissoit si tendrement, en emportant l'affreuse idée qu'elle devoit le suivre à l'échafaud. Il a péri, après avoir vu, pour prix de tous ses sacrifices, la France couverte de sang et de ruines ; livrée au crime, à l'impiété, à la dévastation, à la guerre civile, à des maux affreux qui devoient s'accroître encore ; et, lorsque les inhumains qui l'entouroient à sa dernière heure, étouffèrent sa voix, craignant que les tristes accens de l'innocence et de la vérité ne pénétrassent au fond de tous les cœurs, il a du croire qu'il mourroit chargé de la malédiction publique ; de la malédiction de ce peuple abusé, pour lequel il faisoit encore des vœux sous le fer des bourreaux. (1) Ah ! quels crimes

____

(1) On sait que les derniers paroles de Louis XVI furent celles-ci :

Je souhaite que mon sang puisse cimenter le bonheur des Français.

B

n'eussent pas expié de si cruels malheurs ? que demandez - vous de plus à la vengeance ? laissez le du moins reposer dans la tombe.... dans la tombe !.. Je me trompe ; il n'en eut point ; ses restes dispersés n'obtinrent pas ce triste honneur... Tibère, Caligula, Néron, ne furent pas privés de tombeau, et le peuple romain, quoiqu'avili déjà, crut pouvoir détester la tyrannie sans outrager la nature !

Voilà l'infortuné que vous voulez poursuivre encore ! Chez quelle nation dégradée insulta - on jamais en triomphe à la cendre des malheureux ? sont - ce là les exemples nouveaux que vous avez promis ? est - ce ainsi que vous prétendez honorer le nom français, et vous montrer digne du noble caractère dont vous fûtes revêtus ?

On a vu des bourreaux, peut - être, dans leur barbare intérêt, se réjouir du sort de leurs victimes, en fêter le souvenir avec une satisfaction féroce... mais des juges !... les représentans d'un peuple long - tems distingué par sa grandeur d'ame et sa générosité !.... Ah ! ce n'est qu'aux ombres de d'Orléans, de Robespierre, de tous les monstres tombés avec eux de l'échafaud dans l'abîme ouvert au crime sans remords, qu'il appartient d'insulter encore de - là leur victime, de s'y applaudir de leur forfait, et au milieu des cris du désespoir, d'y confirmer leur arrêt détestable !

Quand la justice et l'honneur vous permettroient l'action qu'on vous propose, les intérêts de votre pays ne vous la défendroient - ils pas ? Fut-elle aussi glorieuse pour vous qu'elle sera flétrissante, ne lui en devriez - vous pas le sacrifice ?

Quoi ! c'est au moment où vous prétendez chercher la paix, que vous voulez publiquement insulter à la mémoire d'un roi, le parent ou l'allié de tous les rois de l'Europe ! que vous voulez consacrer le souvenir d'un crime qui seul a donné à la guerre sa fureur et sa durée ! Vous avez détruit le gouvernement révolutionnaire, vous avez avoué que jamais les rois n'eussent pu traiter durablement avec lui, et vous voulez reproduire un spectacle barbare, digne de ces momens les plus détestables.

Comment les Français pourront-ils croire que vous cherchez sincèrement la paix, si vous les rendez témoins d'une action qui semble n'avoir d'autre but que de l'éloigner ! Ne devront-ils pas penser au contraire que des intérêts cachés vous font désirer la guerre, et saisir tous les moyens de la prolonger ?

Au lieu de présenter le tableau d'un sénat pacificateur, estimé des nations même qu'il combat, leur donnant, dans sa noble conduite, des garans certains de la foi de ses traités, descendrez - vous volontairement à retracer l'image d'une troupe de factieux, qui se fait gloire de fouler aux pieds la justice et l'humanité ; qui, ne pouvant s'honorer de grandes actions, veut s'honorer de bassesses qu'elle encense ; qui, au défaut de vertus, présente audacieusement des crimes, et qui croit pouvoir en ennoblir la mémoire, en la célébrant par un acte insensé qu'elle appelle une fête ?

Inviterez-vous à cette fête, les ambassadeurs réunis près de vous pour traiter de la paix ou confirmer la neutralité ? Un pareil spectacle y serviroit beaucoup, ces ressources d'une politique nouvelle auroient sans doute de puissans effets ! Ils entendroient prononcer le serment de haine à la royauté.... ne voudriez-vous pas qu'ils le prêtassent eux-mêmes ?... Mais plutôt, sortez des longues rêveries d'un délire funeste ; éveillez-vous à la voix de la raison, à celle des vrais amis de leur patrie ; rejettez cette fête honteuse et ces vains sermens.. des sermens ! Vous ne reconnoissez point de religion , et vous voulez reconnoître des sermens ! Montrez-moi donc les garans que vous leur assurez ? N'avez-vous pas d'ailleurs vous-mêmes habitué les Français au parjure ? Pouvez-vous compter sur des nœuds que vous apprîtes à briser ?....

Nous jurâmes d'abord d'être à jamais fidèles à ce roi qu'on égorgea depuis , et dont on veut fêter la mort. Nous jurâmes, quelques momens après, de chérir ces lois sanguinaires que vous avez détruites. Nous jurons maintenant d'aimer celles qui les ont remplacées et de haïr la royauté ; mais l'amour et la haine ne se commandent point. Un gouvernement qui se rend digne de l'amour, l'obtient sans le demander ; et celui qui ne peut le mériter , en ordonne en vain l'apparence. Il ajoute à ses torts celui de tyranniser la pensée;

il ajoute à la haine celle qui suit sa nouvelle oppression.

Voulez-vous chercher à faire oublier la royauté ? cherchez à faire aimer le gouvernement que vous avez mis à sa place.

Voulez-vous une fête digne du peuple français ?

Que ce peuple, représenté par vous, vienne y détester tous les crimes dont la révolution fut souillée ; qu'il y rappelle le souvenir des victimes de ces jours malheureux, non pour insulter lâchement à leur mémoire, mais pour l'honorer du tribut de ses justes remords, de ses ardens regrets ; pour gémir sur la fureur qui ordonna tant d'affreuses proscriptions, et sur la foiblesse qui les souffrit ; pour en effacer la honte avec tous les pleurs du plus amer repentir ; qu'il gémisse sur le sang qu'ont versé les assassins, et sur celui qu'a fait couler la guerre ; sur celui des nations que l'excès de son injustice força de s'armer contre lui ; que s'avouant seul coupable de ce sang, il s'accuse noblement, aux yeux de l'Europe, du déluge de maux dont elle est inondée ; qu'il s'accuse aux yeux de la terre entière, d'avoir porté par - tout où il a pu pénétrer, d'un bout du monde à l'autre, la contagion fatale dont il étoit dévoré, la révolte, le meurtre et la dévastation ; d'avoir enfin, au nom de la philosophie et de l'humanité, commis tous les crimes, exercé tous les ravages qu'exercèrent autrefois les nations barbares.

Qu'implorant l'oubli de tant de torts affreux, il jure que, revenu de ses longs égaremens, détestant leurs suites cruelles, il veut les expier à force de vertus, de sagesse et de grandeur; qu'il jure que les nations dont il fut si justement l'horreur, retrouveront en lui un peuple humain, sensible, ami des lois; qu'enfin elles retrouveront en lui le peuple français.

Voilà les sermens, voilà la fête digne de ce peuple! Mais celles qu'on ose vous proposer…. ciel!… je cherche en vain quels motifs pourroient lui donner encore des appuis parmi vous. Seroit-ce le désir de voir la majorité de l'assemblée, abaissée devant un petit nombre d'hommes audacieux, qui se jouent de sa foiblesse, et l'obligent d'adopter les idées des partisans du désordre, par la crainte d'être accusée de favoriser ceux de la royauté ?

Seroit-ce la funeste ambition de se distinguer parmi les restes d'un parti dévastateur qui voudroit ressaisir la puissance dont il a fait un si cruel abus ?

S'il se pouvoit qu'il fût des hommes avides de cette triste gloire, je leur dirois : détrompez-vous ? N'espérez pas satisfaire, à son gré, ce parti que vous voulez flatter. Il ne fut pas habitué à se payer des foibles dons que vous lui destinez. Que sera votre fête ; que sera cette vaine représentation, auprès de la réalité, auprès de ces échafauds dressés de toutes parts, de cette terreur universelle, de ces torrens de sang et de larmes, de cet amas d'horreurs dont le souvenir fait frémir encore la France entière ? Vous glannerez obscurément dans le champ trop parcouru des forfaits.

Que ferez-vous sur les traces de d'Orléans, de Robespierre, de leurs complices? Ils ne se bornoient pas aux jeux que vous préparez. Foibles et froids imitateurs, ne croyez pas après eux pouvoir réjouir dignement la scélératesse. Elle-même rougira de l'impuissance de nos efforts, et dédaignera l'inutile spectacle que vous lui présenterez.

Abandonnez donc ces tristes moyens de renommée; essayez une autre carrière; cherchez une autre gloire; revenez, s'il se peut, à des sentimens généreux... Ah! pour vous distinguer, il ne vous reste que la vertu... le crime est épuisé!

Ainsi, tout ce qui peut parler au cœur des hommes; la raison, la justice, l'honneur, les intérêts de la patrie, les vôtres, l'ambition vertueuse ou coupable, font entendre également leurs voix et réclament ensemble contre un acte insensé. S'il s'accomplissoit cependant! dites: quelle seroit votre excuse?

Vous n'auriez pas même à présenter un seul avantage au milieu de la honte, au milieu de tous les dangers qui l'accompagneroit. Vous n'auriez à prétexter aucun de ces motifs brillans qui, souvent, éblouissent et trompent ceux qui gouvernent. La foiblesse, l'indifférence du bien, et sur-tout l'habitude de céder aux demandes des pervers et de s'effrayer de leurs accusations.... voilà donc quels seroient vos motifs! Ce seroit pour eux que vous sacrifieriez les intérêts de la France et sa gloire; que de sang-froid vous acheveriez de l'avilir, de lui aliéner tous les cœurs, de réveiller, d'un bout du monde à l'autre, toutes les haines, et que la présentant sans cesse comme ennemie de tous les gouvernemens, comme favorisant par-tout la révolte, vous repousseriez la paix que vous prétendez chercher, et qu'elle appelle si vivement.

Ceux qui vous éloignent ainsi du repentir, qui vous pressent de vous charger de nouveaux torts, vous les reprocheroient eux-mêmes. Songez que le malheur et le tems achèvent d'éclairer les Français; que le moment s'approche où ils compteront, avec les yeux de la raison, tous les pas qu'on leur a fait faire, tout ce qu'on a voulu leur faire aimer, tout ce qu'on a voulu leur faire haïr. Songez qu'ils reviendront plus ardemment encore aux sentimens généreux qu'ils ne s'en sont écartés; qu'ils détesteront davantage encore les auteurs de leurs égaremens qu'ils n'ont paru les chérir. Songez enfin qu'un peuple ne garde pas long-tems des sentimens différens de ceux de tous les peuples, et que, si dans les jours malheureux d'une révolution, le crime usurpe aisément les droits de la vertu, le crime passe; et que ceux qui restent tardivement prosternés devant ses autels fragiles, les voyent bientôt disparoître, et n'appercoivent plus à leur place que la douleur, l'effroi, la honte et les remords.

(25)

Enfin, j'ai donc rempli la pénible obligation que je m'étois imposée. J'ai transcris ces lignes audacieuses dont j'ai voulu prévenir le danger.

Qu'il est facile hélas ! d'éblouir le vulgaire et d'étendre un nuage sur les vérités les plus lumineuses. Ces vaines apparences heureusement ne peuvent soutenir les regards sévères de la raison. Elles s'évanouissent devant eux, et j'espère en convaincre bientôt tous les hommes nés pour réfléchir et pour aimer la justice.

Je prouverai, je démontrerai que Louis XVI fût un tyran plus extraordinaire, plus rare que les Tibère et les Néron. Que le jugement qui le condamna, fût aussi juste que les juges furent intègres, vertueux et désintéressés. Qu'enfin, il est d'accord avec la vraie politique, autant qu'avec l'équité, de célébrer, par une fête éclatante, l'anniversaire de son supplice.

Les législateurs de la France ont établi, pour principe fondamental, que la souveraineté réside essentiellement dans l'universalité des citoyens, et que la volonté nationale s'exprime par le vœu de la majorité.

Ces vérités consacrées dès les premiers jours de la révolution, le sont encore expressément par la constitution actuelle.

Pour connoître la volonté nationale, à l'époque de notre heureuse révolution, ce n'étoit point par conséquent le petit nombre formé des propriétaires et de ceux qui avoient le plus de lumières qu'il falloit consulter, mais la multitude courageuse qui renversa les murs de la Bastille, qui détruisit la tyrannie et qui conquit la liberté. Ces hommes enfin, qu'on osoit appeller autrefois la lie du peuple, et que la malveillance crut déshonorèr depuis, par le nom de sans - culottes. Hors, comment la majorité de la nation, composée de ces hommes intrépides, exprima-t-elle alors son libre vœu ? Comment le peuple souverain manifesta-t-il sa volonté.

On le vit, dans sa juste sévérité, poursuivre par - tout le riche égoïste, le punir de ses antiques usurpations, piller ses biens mal acquis, dévaster ses possessions, l'immoler lui - même, quand il osoit murmurer.

On le vit, encouragé par de sages et vertueux legislateurs, chercher à tout renverser pour établir la sainte égalité ; pour rentrer dans ses droits imprescriptibles ; et poursuivant les audacieux qui osoient les méconnoître ; faisant marcher devant lui la terreur, la mort et la dévastation, proclamer hautement sa volonté respectable, dans cette maxime également avouée par la justice et par la raison. *Que le pauvre commande et qu'il soit riche à son tour.* Voilà quel fut le vœu sacré du souverain ! tel il sera dans tous les tems et chez toutes les nations ; et certes, on ne put le méconnoître à l'éclatante voix qui vint l'annoncer.

Cependant, qui oseroit dire que Louis XVI se soit conformé à cette volonté si précise ; qu'il ait cherché sincèrement à la favoriser ? N'est-il pas prouvé au contraire que Louis , sous les frivoles prétextes de justice et de maintien de l'ordre social , employât tout ce qui lui restoit de pouvoir à comprimer cet élan généreux qu'il traitoit de sédition ; qu'on l'entendît parler sans cesse de clémence , d'honneur et d'humanité , comme si de vains ménagemens pouvoient s'accorder avec les sacrifices qu'exigeoit la liberté , et que , tenir un pareil langage , n'eût pas été prêcher hautement la contre - revolution ? N'est - il pas prouvé , qu'au lieu d'encourager la juste vengeance du peuple , on le vît s'attendrir sur ses victimes , et chercher à les lui dérober ? qu'au lieu de donner l'exemple du patriotisme et de la vertu ; de briguer l'honneur d'imiter Brutus , et d'immoler lui-même ses coupables frères , au premier doute de leur désir d'émigration ; d'immoler sur - tout sa détestable sœur , accusée de s'être dépouillée de ce qu'elle possédoit pour secourir ses frères dans leur exil , soupçon sur lequel depuis , le tribunal révolutionnaire purgea la France de ce monstre ; n'est-il pas prouvé qu'il se contentât d'engager par de pressantes exhortations ses frères à revenir , et qu'il gardât près de lui la perfide Élisabeth , cette abominable princesse , la honte de son sexe et de sa patrie ?

J'en apppelle à la France entière sur ces faits , et je ne crains pas que les royalistes eux-mêmes viennent essayer de les démentir.

J'avouerai toutefois , dans mon respect pour

la vérité , que Louis parût d'abord vouloir le
bonheur du peuple ; qu'il promît librement tous
les sacrifices de sa puissance qui pourroient y
contribuer ; qu'il changeât même les anciennes
lois du royaume , pour assurer au dernier ordre
autant d'influence dans les états , qu'aux deux
autres ordres réunis ; qu'il parût enfin aller au
devant des Français , et volontairement leur ap-
porter la liberté ;.. mais quelle liberté, grand Dieu !
et qu'elle étoit différente de celle qu'ils ont su
conquérir !

Sous cette trompeuse liberté, le peuple souverain , privé de ses plus beaux droits , n'auroit
pu se livrer à aucun de ces grands actes de sagesse
et de justice qu'il a si noblement exercés.

Chacun eut été servilement contraint à se con-
tenter de ce qu'il avoit , sans pouvoir réclamer
sa juste part du bien mal acquis des autres ; ainsi,
le riche bravant l'égalité , eut conservé tranquil-
lement toutes ses possessions ; le pauvre n'auroit
eu , pour s'enrichir , que la voie lente de l'économie , du travail et de la bonne-foi. On eut osé
punir les citoyens courageux , qui , dédaignant
la tyrannie , brisant des liens oppresseurs , exer-
çant le saint devoir de l'insurrection , se seroient
emparés, au nom de la nature et de la philosophie,
de leur part de ces biens qui devroient être com-
muns entre tous les hommes. Enfin , le peuple
français, à l'exception des abus réformés, se seroit
à peine apperçu d'un changement, et n'auroit point

offert à la terre le grand spectacle qu'il devoit lui donner.

Voilà pourtant ce que méditoit le tyran ! Voilà ce qu'il osoit appeller du nom profané de liberté ; mais ces perfides desseins ne pouvoient être long-tems soufferts par le peuple souverain. Il étoit heureusement guidé par des chefs aussi vertueux qu'éclairés, qui, désirant sincèrement son bonheur, lui en montroient sans cesse la véritable route ; lui peignoient cette situation fortunée, où les Français, délivrés de quelques millions de scélérats, n'auroient plus formé qu'une grande famille entièrement composée d'hommes justes, de sages, de frères, tous également puissans, également riches, également heureux.... Quel doux espoir, ô ciel ! et faut-il s'étonner si l'on détesta bientôt le traître qui s'opposoit seul à tant de félicité. Il s'en apperçut lui-même, et cependant, sourd à la voix du peuple, il osa rester tyranniquement sur son trône ébranlé. Pouvoit-il méconnoître sa volonté, quand ce peuple, au 20 juin, la lui manifesta si clairement par une députation de plus de trente mille hommes armés ? Par quelle rébellion sacrilège, luttant contre le vœu respectable, s'efforçant de prolonger sa coupable domination, osa-t-il attendre au 10 août, une seconde injonction ; s'exposer à faire couler le sang du souverain, le sang des fidèles Marseillois et de ces hommes, l'élite du bon peuple, réunis contre lui de toutes les parties de la France ?

Les royalistes objecteront, peut-être, qu'en

thermidor, en prairial, la convention se trouva dans les mêmes circonstances, résita au même vœu, combattit positivemant contre les mêmes hommes. ils diront que la seule différence entre sa conduite et celle de Louis XVI, c'est que la convention, moins avare de sang, parvint à triompher de ses ennemis, et que Louis XVI fut la victime des siens. Ils demanderont enfin, comment Louis seroit coupable pour avoir essayé de défendre l'autorité que les lois lui confioient, tandis que la convention mériteroit des éloges pour avoir maintenu la sienne au prix de tant de sang.

Il est aisé de les confondre. Sans doute le peuple français suivit librement sa volonté, émit son véritable vœu, fit un acte digne de lui, lorsqu'il s'arma pour la liberté ; lorsqu'il commbattit contre un tyran et qu'il le renversa ; mais n'est-il pas évident qu'il fût aveuglé, séduit, trompé, quand il attaqua les soutiens de sa liberté, ses fidèles législateurs, ces hommes qu'il avoit vu sacrifier constamment leurs intérêts au sien ; qui, loin de toute ambition, de toute cupidité, n'avoient vécu que pour sa gloire et son bonheur ; qui, par-tout annonçant la raison l'égalité la justice, avoient en leur nom répandu sur la France tant de biens et de lumières ; avoient, à tant de titres, mérité d'être inviolables, et que la vertu même désignoit d'avance à l'éternelle admiration des siècles.

Ce tableau fidèle doit suffire à ma reponse, et je ne crois pas avoir besoin d'en ajouter davantage.

Nous avons vu Louis, joignant la perfidie au despotisme, conspirer sans cesse contre la liberté du peuple français. Nous allons le voir, entassant crimes sur crimes, conspirer encore contre sa raison, contre ses lumières, s'efforcer de le retenir dans la nuit funeste de l'erreur. Nourri lui - même au milieu des préjugés, il vouloit rappeller les Français à l'antique religion de leurs pères. Ils osoit prétendre, contre l'avis de cette foule d'hommes de génie qui illustroit alors la France, qu'il devoit être permis de suivre une religion qu'avoient professé les Fénélon, les Bossuet, les Mallebranche et les Pascal; que cette religion qui recommande toutes les vertus, qui ordonne au riche d'aimer, de secourir le pauvre; qui ne voit dans les hommes qu'une société de frères que le malheur et la mort égalisent; et qui enfin, a détruit l'esclavage, pouvoit s'accorder avec la liberté, la protéger même et l'affermir.

Il ne voyoit pas, l'insensé! que c'étoit précisément, parce que la religion chrétienne favorisoit la fausse liberté qu'il présentoit, qu'elle ne pouvoit s'accorder avec la liberté sublime, vers laquelle s'élançoit le peuple souverain, que ses maximes étoient le reproche continuel des actes de justice, de sagesse et d'humanité, par lesquels ce peuple s'illustroit chaque jour; qu'elles étoient dans une perpétuelle contradiction avec les grandes vérités que les législateurs venoient de découvrir, et avec la morale nouvelle qui en étoit le résultat.

Dans quel tems en effet le tyran s'obstinoit-il encore à protéger le fanatisme ? C'étoit au moment où l'antique bâse de toutes les religions alloient s'écrouler, frappée par la main du génie. C'étoit au moment où les Gobel, les Hébert, les Chaumette se disposoient à présenter aux Français le culte sublime de la raison, et s'élançant sur les ailes de la liberté, planoient bien au-dessus des Socrate, des Platon, des Locke, et des Newton.

Ceux - ci, étonnés à la vue du miracle universel de l'existence, s'étoient prosternés devant la cause de tant d'effets merveilleux. Ils n'avoient pu comprendre que le plus simple ouvrage annonçant un ouvrier, l'ouvrage admirable du monde fût le seul qui n'en annonça point ; mais à la voix de la raison, ce mystère s'éclaircit. La formation de l'univers n'embarrassa plus personne ; on vit clairement que c'étoit au hazard qu'elle étoit dûe ; ce mot sublime et plein de sens expliqua tout. Il n'y eut de dessein nulle part que dans les actions de l'homme ; il n'y eut d'autre intelligence que la sienne ; le reste de l'existence n'offrit que des exemples de rencontres fortuites, plus ou moins singulières. Ainsi, c'étoit évidemment par hazard que, chaque jour, le soleil venoit éclairer la terre et ranimer sa fécondité. Mais, ô grandeur de l'esprit humain ! ô triomphe de la raison ! ce n'étoit point par hazard que, chaque jour, les feuilles immortelles d'Hébert (1) venoient éclairer le peuple sou-

____

(1) Le journal du Père Duchêne.

verain

verain dont elles faisoient les délices, et ranimer toutes les vertus.

Qu'on ne dise point, pour diminuer le respect qu'inspirent d'aussi sublimes conceptions, et pour excuser le tyran dont le fanatisme insensé s'opposoit à leurs progrès, que nous avons nous-mêmes depuis renoncé au culte de la raison : non, les Français sont toujours dignes des beaux jours de la révolution. L'aveu passager d'un être suprême qu'on trouve au commencement de leur nouvelle constitution, ne peut nuire à la gloire de la nation. Il est évident qu'il ne s'y est glissé que par erreur, par indifférence, ou peut-être, comme une espèce de tribut que les législateurs, dans leur sagesse, ont cru devoir payer à un préjugé de tous les tems et de tous les peuples ; mais cet aveu stérile qui n'influe en aucune manière, ni sur la politique, ni sur la morale des Français, ne peut leur faire aucun tort, leur attirer aucun reproche, et doit être regardé comme absolument sans conséquence.

Notre heureuse nation, aussi profonde en philosophie qu'en politique, distinguée du reste de la terre par ses lumières comme par ses vertus, ne reconnoît encore en effet d'autre culte que le culte admirable de la raison.

Louis fut donc, à cet égard, aussi coupable qu'il pouvoit l'être ; on doit le regarder comme également convaincu du plus dangereux fanatisme et de la plus extraordinaire tyrannie.

C

Après l'avoir montré conspirant sans cesse contre la liberté, contre les droits, contre la raison du peuple français, je pourrois me dispenser de justifier les détails du jugement qui le condamna ; mais je veux ôter aux royalistes jusqu'à l'apparence d'un prétexte, et les forcer à rougir eux - mêmes de leur aveuglement. Ils présentent comme une objection sans réplique, la rapidité avec laquelle le tyran fut jugé. Il me seroit permis d'observer que la convention, si prodigieusement élevée par ses lumières et ses vertus au - dessus des tribunaux ordinaires, étoit digne de réaliser ce qu'on a supposé de la divinité, et dans un même instant, d'abaisser ses regards sur le coupable, et de prononcer son juste arrêt; mais les crimes de Louis étoient depuis long - tems soigneusement comptés. Chaque jour, des écrivains aussi éclairés qu'impartiaux, les indiquoient avec une équité scrupuleuse, le surprenoient à chaque moment dans le flagrant délit de la tyrannie. De toutes parts les clubs, fidèles interprêtes du souverain, avoient décidé qu'il méritoit la mort. Le cri public, exprimé par les plus dignes organes, l'avoit condamné. Ce fut un arrêt enfin que la convention eut à prononcer sur le témoignage universel de la vertu, et non un procès qu'elle eut à instruire. Le délai dont elle usa, doit donc être uniquement regardé comme un tribut que, dans sa délicatesse et son scrupule, elle voulut payer à des formes inutiles. (1)

____

(1) Ce qui achève de démontrer que la rapidité du

Ces raisons qui anéantissennt entièrement la première objection des royalistes, suffisent aussi pour anéantir la seconde. Ils la fondent en effet sur ce que Robespierre et ses associés, qui seuls déterminèrent la mort de Louis XVI, furent reconnus depuis pour des scélérats. Hors, qu'importe ce qu'ont été les juges, si l'arrêt a été juste; s'ils n'ont fait que condamner uu tyran que tous ses crimes et la France entière avoient condamné d'avance? Mais je dois ici rappeller une grande vérité, une vérité si frappante qu'on ne peut la détruire, sans renverser toutes les idées reçues.

---

jugement de Louis XVI, non - seulement ne peut être blâmée, mais doit être regardée comme une suite nécessaire de la nature des preuves incontestables qui ont décidé ce jugement, et qui étoient fondées sur le cri public et le flagrant délit; c'est que les preuves, tirées d'écrits revêtus de sa signature, et dont l'examen, s'il eut été nécessaire, auroit demandé un tems extrêmement long, étoient, d'après des circonstances particulières, dans le cas de perdre beaucoup de leur force apparente, et de donner prises aux chicanes du tyran. On sait en effet que les rois et même les ministres apposoient toujours en général leur signature, à l'aide de ces instrumens, appellés griffes, qui les imitoient parfaitement. Hors, ces griffes ayant été prises au 10 août dans le château des Tuilleries, sans qu'on ait jamais su l'usage qu'on en avoit pu faire, il est évident que le tyran pouvoit toujours soutenir qu'on avoit apposé sa signature et celle de ses ministres à toutes les pièces qu'on avoit voulu fabriquer. Aussi, n'avoua-t-il jamais, comme authentiques, aucunes de celles à sa charge, qu'on lui présenta.

C 2

Oui, certainement Robesp'erre et ses associés finirent par être coupables. Il ne peut y avoir de doute à cet égard, et le 9 thermidor l'a démontré; mais l'on doit convenir en même-tems qu'ils étoient vertueux à l'époque où ils condamnèrent Louis XVI, et affermirent, par sa mort, la république naissante. On est forcé d'avouer qu'ils furent long-tems l'amour et l'exemple de leur patrie; qu'elle leur doit sa liberté, son gouvernement et tous les grands principes de politique, de morale et de justice que, pour notre bonheur, nous respectons fidèlement encore.

Ce sont eux seuls qui ont établi le régime républicain. Nous l'avons conservé ; nous le conserverons, tant qu'existera le nom français.

Ils avoient juré une haine éternelle à la royauté. Nous en répétons, à chaque instant, le serment chéri.

Ils n'admirent aucun culte, et sur la fin, tolérèrent seulement le vieux préjugé d'un être suprême, à condition toutefois qu'il ne tireroit point à conséquence et n'apporteroit aucune gêne à l'exercice des vertus révolutionnaires. Nous les avons scrupuleusement imités sur ces deux points essentiels.

Non-seulement ils proscrivirent l'ancien culte, mais ils proscrivirent aussi ses ministres. Ils sentirent que la morale dangereuse de ces fanatiques ne pouvoit que nuire à la morale épurée qu'ils annonçoient. On avoit eu d'ailleurs l'indiscrète générosité de leur accorder de petites pensions alimentaires sur leurs biens immenses dont la nation s'étoit emparée. Il s'agissoit de concilier la justice du gouvernement avec ses intérêts. Un trait sublime de politique en donna le moyen : on exigea de ces supersticieux un serment qu'on savoit bien que leur ridicule conscience ne leur permettroit pas de prêter ; dès lors ils étoient en rebellion ouverte, et l'équité même imposoit au gouvernement le devoir sacré de les punir, de les faire servir d'exemple, et en même-tems sur-tout, de leur ôter le pain mal acquis que leur avoit prodigué la munificence nationale.

Nous suivons encore ponctuellement ces grandes leçons. En vain, on avoua plusieurs fois qu'on ne devoit distinguer que deux classes de citoyens, les bons et les méchans. On sentit bientôt que cette indulgence ne pouvoit s'appliquer à ceux qui avoient exercé les fonctions d'un culte que nous avions eu le malheur de professer tous. On vit clairement qu'ils étoient trop coupables, et qu'on ne pouvoit se dispenser de les punir sévèrement et sans exception ; que d'ailleurs, en écoutant une pitié déplacée, le gouvernement seroit assailli d'importuns qui demanderoient hardiment quelques miettes du pain qu'on leur avoit promis. Ce sont ces sages considérations qui nous ont engagé à maintenir jusqu'à présent l'anathême prononcé par Robespierre.

C'est d'après lui que des vieillards fanatiques, justes victimes du salut public, languissent sans secours dans des cachots où ils expient trop doucement de dangereuses erreurs ; que ceux, que leurs infirmités n'ont pas permis d'enchaîner, vont en tremblant, mendier à la porte des maisons qu'ils habitèrent, et qu'occupent de fiers républicains qui les repoussent avec le mépris que doit inspirer la superstition. Ces coupables endurcis, soutenus par le fanatisme, errent sans se plaindre : exemples vivans de la justice et de la sagesse du gouvernement.

Ce furent Robespierre et ses associés, qui, dans les jours de leur vertu, firent décréter cette loi sublime qui livre à la mort, sans pitié, les infâmes qui ont quitté leur pays. Inébranlables dans leur inflexible équité, ils n'admirent aucune exception. Envain, des femmes, des vieillards objectoient que les grands actes de justice du peuple souverain leur en avoient imposé malgré eux ; qu'ils n'avoient fui que pour s'y soustraire ; qu'ils ne pensoient pas s'être rendus coupables pour avoir langui dans la misère, loin de leur pays ; qu'ils lui offroient le sacrifice de leurs biens et ne demandoient que la vie

Robespierre n'écouta jamais ces frivoles excuses ; jamais le sang impur ne fut épargné.

Nous imitons fidèlement sa juste sévérité. Point de grace à présent pour des scélérats, pas plus que sous Robespierre. Une jeune épouse trouvée, au mépris des lois, dans les bras de son époux ; une mère criminelle, saisie dans ceux de son fils, dont la crainte l'avoit éloignée, et près de qui sa tendresse l'a rappellée, en sont arrachées à l'instant, si quelque citoyen vertueux les apperçoit. C'est inutilement qu'elles représentent que jamais elles n'ont eu le désir ni le pouvoir de nuire; qu'elles n'ont vécu que pour la douleur et pour les larmes; l'échafaud les attend : et si quelques ames foibles, qui n'entendent rien à la vraie politique, ont la bassesse de s'attendrir sur leur sort , nos stoïques législateurs , nos modernes romains, tous ceux qui ont approfondi la science sublime des devoirs de l'homme, sous le régime républicain, applaudissent, avec transport, à ces nobles actes d'équité dont dépendent évidemment le bonheur et la gloire des Français.

Ce furent également Robespierre et ses associés qui établirent le sage principe des proscriptions en masse, qui épargne au législateur l'embarras des détails, la recherche frivole des distinctions et tous ces petits soins d'une justice minutieuse qui sont indignes de ses vues générales.

Nous avons consacré ce grand principe de la manière la plus solemnelle, par la loi du 3 brumaire, et si nous en réformons quelques articles, c'est dans l'espoir de conserver long-tems ses plus précieuses dispositions.

Ce furent enfin Robespierre et ses associés qui se montrèrent les plus ardens défenseurs de la liberté de parler et d'écrire. Ils prouvèrent que, sans cette liberté, il n'en existoit point d'autre. On sait avec quelle hardiesse, sous la monarchie constitutionnelle, ils se déchaînèrent contre le tyran, contre sa cour, contre son gouvernement ; avec quelle noble fureur tous les clubs qu'ils dirigeoient, parlèrent, écrivirent pour les seconder. Jamais on ne poussa plus loin l'emploi sublime de cette liberté. Enfin, ils la favorisèrent de tout leur pouvoir, quand ils régnèrent sans partage ; mais ne voulant pas avec raison qu'elle pût dégénérer en abus ; que ce qui devoit servir la patrie, pût lui nuire ; que le poison de ses ennemis vînt se mêler au baume de ses défenseurs, ils proscrivirent tous les traîtres qui osoient ne pas manifester une haine ardente contre le royalisme, le fédéralisme, le feuillantisme, le modérantisme, etc., etc., etc. ; ... tous les scélérats qui osoient censurer, ou le gouvernement, ou les représentans purs, ou leurs agens, ou les substituts de leurs agens, ou les amis, ou les maîtresses, ou les fidèles serviteurs de tous ces vrais républicains ; mais à ces exceptions près, que commandoit impérieusement le salut public, jamais la liberté de parler et d'écrire ne fut plus religieusement respectée.

Nos sages législateurs les ont entièrement imités, tant pour leur zèle, en faveur de cette liberté précieuse, que pour les utiles restrictions qu'ils ont senti devoir y mettre.

Que l'écrivain perfide, qui, cherchant la ruine de sa patrie, ose critiquer l'avis du gouvernement, tremble seul ! mais que celui qui aime sincèrement son pays, se livre hardiment à l'enthousiasme que doivent lui inspirer tous ceux qui gouvernent et tous ceux qui leur sont attachés. Qu'il parle, qu'il écrive, pour les célébrer, pour applaudir à la sagesse de leurs vues, pour s'extasier sur leur génie et leurs vertus ! Qu'il tonne contre leurs ennemis, qu'il les poursuive, qu'il les déchire, qu'il les écrase, qu'il ne craigne rien ! il est homme, il est libre, et le droit de parler et d'écrire est un droit sacré que la constitution lui garantit.

Je pourrois à la honte du royalisme, à la honte de ceux qui osent prétendre que Robespierre et ses associés n'étoient pas vertueux, quand ils condamnèrent le tyran, ajouter une foule d'exemples à ceux-ci ; mais ils démontrent assez que Robespierre étoit vertueux à cette époque, qu'il le fût même plus tard encore, puisqu'il continua à s'illustrer par l'application des immortels principes que nous consacrons à chaque instant dans les jours de sagesse et de justice où nous vivons.

S'il eut été un scélérat dès le commencement de sa carrière politique, ne nous serions-nous pas hâtés, aussi-tôt sa chûte, de détruire tout ce qu'il avoit fait, de proscrire hautement tous ses principes, au lieu de les confirmer ?

Achevons donc maintenant d'avouer la vérité ; elle ne peut plus être dangereuse, et les royalistes mêmes ne peuvent plus s'en prévaloir.

O fragilité de l'humaine vertu ! à qui se fiera-t-on désormais sur la terre ? à quels signes recon-

noîtra-t-on les nobles ames inacessibles au crime?
Robespierre long-tems incorruptible, long-tems
l'honneur de la France, l'appui de sa patrie,
l'objet des louanges universelles ; Robespierre
finit par perdre, sans retour, ces titres si bien
mérités. Le serpent de l'ambition piqua son
cœur ; aussi-tôt, et sans qu'on pût distinguer la
nuance d'un changement si fatal, le plus pur
patriote devint un scélérat détestable.

Le traître oubliant des engagemens sacrés ;
oubliant ce qu'il devoit à ses collègues, voulut
les laisser ramper obscurément, ne plus rien
partager avec eux, et violant les saintes lois de
l'égalité, garder tout pour lui seul, honneurs,
puissance, richesses ; régner seul enfin, et seul,
faire couler le sang à son gré ! Tout ce qui gênoit
son insatiable avidité fut ménacé. D'une part,
Barrère, Collot-d'Herbois, Billaud-Varennes,
Vadier ; de l'autre, Talien, Fréron : les plus
vertueux patriotes, une partie du sénat devoient
périr... Alors le voile se déchira.

Tout-à-coup la convention ouvrit les yeux ;
elle vit clairement que le peuple Français étoit
opprimé, et son intérêt sacré fit la révolution de
thermidor... Nouveaux Brutus, nos dignes représentans bravent pour nous tous les dangers ; ils
s'arment, ils volent, ils combattent, ils renversent
le tyran, ils l'immolent : en un instant la patrie
fut sauvée. L'amour des Français, la noble pitié
pour tant de victimes, le désir de venger l'humanité si long-tems outragée, seuls, les inspirèrent

dans cette immortelle journée , et les conduisi-
rent à la victoire : tout y fut sage et grand. Par
une justice admirable , le tyran qui avoit immolé
tant d'infortunés sans les entendre , lui - même à
son tour , fut immolé sans être entendu.

Le spectacle le plus attendrissant vint succéder
à son supplice ; nous vîmes nos vertueux représentans , pleurant sur leurs erreurs involontaires ;
ne pouvant les concevoir ; s'étonnant avec toute
la France du fatal enchantement qui leur avoit
si long-tems dérobé la vue de tant d'assassinats
commis sous leurs yeux , de tant de sang ruisse-
lant sous leurs pieds. Nous les vîmes , gémissant
sur tous les maux qu'avoit fait le tyran ; s'efforçant de les réparer avec une activité , une sincérité
touchante ; s'efforçant de fixer l'époque délicate
où Robespierre étoit devenu un monstre affreux ;
où il avoit fasciné les yeux de la convention ; où
le tribunal révolutionnaire , au lieu de n'immoler
comme auparavant, que de perfides aristocrates ,
n'avoit plus immolé que des innocens

Nous les vîmes décréter noblement que , si jamais
on pouvoit fixer cette époque , on rendoit aussi-tôt
les biens des innocens condamnés , à leurs parens ,
sauf, comme l'équité l'exigeoit , les biens de ceux
qu'on pourroit soupçonner de n'être pas morts
pleins d'amour pour la république , ou dont les
fortunes considérables seroient trop nécessaires
au salut de l'état.

Voilà cependant les hommes qu'on voudroit
nous rendre suspects ! comme si ceux qui ne

balancèrent pas à condamner Robespierre devenu coupable , après l'avoir si long-tems encensé , pourroient balancer à réhabiliter Louis XVI, après l'avoir condamné , s'il n'étoit pas toujours rigoureusement démontré qu'il fût en effet un tyran exécrable.

Toutes les objections des royalistes s'évanouissent donc comme de vains songes, et si j'ajoute ici une anecdote qui doit trouver place dans un écrit destiné à inspirer l'horreur de la tyrannie, ce n'est pas pour justifier davantage un jugement qui n'a plus besoin de l'être ; mais pour achever de faire connoître le caractère de Louis XVI et celui de ses accusateurs.

Ce fut le représentant Peissard , qui, au nom du comité des secours, fit connoître cette affreuse histoire dans la séance du 28 floréal de l'an II. Je transcrirai littéralement son discours , ainsi que le décret qui fut rendu à la suite.

Voici comment s'exprima le rapporteur :

« Pour peindre un roi dans toute sa lai-
» deur , je n'irai point chercher dans l'anti-
» quité des exemples de scélératesse ; je nommerai
» Louis XVI. Ce mot renferme tout ce qu'on
» peut concevoir de plus horrible. Ses premiers
» jeux furent des jeux de sang et de férocité ;
» ses inclinations monstrueuses s'accrurent avec
» l'âge. On sait que plus d'une fois ses mains
» furent tintes de sang. On le connoissoit cruel ;

(45)

» mais voici le comble de la scélératesse. C'est
» sur le respectable père d'une nombreuse famille
» que tombe sa fureur ; il l'assassine avec l'air
» de la bienveillance et de l'affabilité : après lui
» avoir fait pratiquer, dans les murs de son appar-
» tement, une armoire secrète où il devoit enfouir
» les preuves de ses trahisons, il lui fait boire
» un verre de vin empoisonné. La France a connu
» les forfaits de ce monstre et l'en a puni. La
» terre aussi les connoîtra et se déroyalisera.
» Aujourd'hui, François Gamin, perclus de tous
» ses membres par l'effet du poison royal, réclame
» des secours. C'est de cette tribune que sont
» partis les arrêts de mort contre le tyran, que
» doivent sortir les décrets salutaires qui répare-
» ront les maux de la tyrannie. Voici le projet
» de décret que je suis chargé de vous présenter.
» Art. Ier. François Gamin, serrurier, em-
» poisonné le 22 mai 1792, par Louis Capet,
» dernier tyran des Français, jouira d'une pension
» de 1200 liv., à compter du jour de son em-
» poisonnement.
» II. Le présent décret sera inséré au bulletin ».

L'assemblée adopte à *l'unanimité* le projet de
décret, et ordonne que le rapport de Peissard sera
imprimé et envoyé dans toute la république.

Voilà qui est positif ! ciel ! on frissonne au récit
d'un pareil forfait ! Qui croiroit que malgré sa
publicité, malgré son extrême authenticité, mal-

gré le décret qui en éternise la mémoire, les royalistes aient poussé le délire de tout nier jusqu'à essayer d'en contester l'évidence.

Jamais, selon leurs discours sacriléges, on n'a inventé un conte plus ridiculement atroce. Quoi! disent-ils, c'est quatre mois après la mort de celui qui l'a empoisonné; c'est un an après son prétendu empoisonnement, que ce Gamin que personne ne connoît, s'avise de songer qu'il n'est perclus, que parce que Louis XVI lui a donné un verre de vin. N'est-il pas évident que s'il a existé, c'est un fripon subalterne payé par des fripons en titre; un fripon qui, honteux lui-même de l'extrême invraisemblance de sa dénonciation, n'osa paroître, et se fit représenter par un fripon plus hardi? Que diroit-on, ajoutent-ils, d'un homme qui, prétendant avoir dîné avec quelqu'un qui seroit mort depuis, viendroit demander des dommages et intérêts à sa famille pour une paralysie qu'il supposeroit lui venir d'un poison que le défunt lui auroit donné un an auparavant, en dînant avec lui? Croit-on que les tribunaux lui accordassent sa demande, et ne seroient-ils pas tentés plutôt de le condamner à être enfermé? Louis XVI, poursuivent-ils, avoit donc perdu la tête, de faire venir un serrurier inconnu, tout exprès pour lui confier son secret, tandis qu'il pouvoit remettre ce qu'il vouloit soustraire à ses ennemis, aux mains de tant de personnes qui lui étoient dévouées et qui périrent pour lui?

Où avoit-il trouvé ce poison si singulier qui

n'empoisonnoit pas, et avec lequel, au lieu de faire mourir Gamin tout de suite, il ne fit que le rendre paralytique au bout d'un an? Ne devoit-il pas lui en donner plutôt plus que moins, et pour se mêler d'être empoisonneur, ne pas l'être aussi mal adroitement?

Le premier scélérat qui auroit été, ou qui auroit prétendu avoir été seul avec Louis XVI un instant, ne pouvoit-il pas prétendre aussi avoir été empoisonné par lui, et qu'une infirmité quelconque, qui lui seroit survenue, en étoit la preuve.

S'il arrivoit, disent-ils, que quelqu'auteur, pour noircir un tyran de tragédie ou de roman, s'avisât d'imaginer une pareille histoire, ne riroit-on pas de pitié de sa ridicule invention? Cette accusation extravagante ne prouve-t-elle pas que ceux qui avoient condamné Louis XVI, sentant leur affreuse injustice, cherchoient, pour la déguiser, à calomnier sa mémoire, et dans l'impossibilité de trouver des prétextes plausibles, se contentoient des plus insensés?

Enfin, ajoutent-ils, on ne doit pas oublier que ce fût Peissard qui se chargea de cette dénonciation, et que ce scélérat, l'un des plus effrontés qui aient jamais existé, est le même qui, au premier prairial, contribua tant à la mort de Férau; qui se mit à crier victoire, quand ses assassins parurent triompher; et qui, en conséquence, fut condamné à la déportation par un jugement trop doux.

On voit que, fidèle à la loi que je me suis imposée, je rapporte ces objections des royalistes aussi franchement que les précédentes. Dussé-je encourir le reproche de combattre des raisonnemens qui ne peuvent en imposer à personne, je veux anéantir ceux-ci, puisque je n'ai pas dédaigné d'anéantir les autres.

Je conviens que Peissard finît par devenir un détestable scélérat; mais ce que j'ai prouvé pour Robespierre, lui est également applicable.

Peissard étoit vertueux quand il dévoila le crime affreux du tyran. Il ne se corrompit qu'en prairial.

Mais quand il auroit toujours été un scélérat, cela n'altéreroit point le fond des choses. Qu'importe, en effet, que ce soit un honnête homme ou un fripon, qui révèle une vérité incontestable ? Hors, comment, à moins d'être aveuglé par la prévention, peut-on révoquer en doute l'empoisonnement de Gamin ? On nous cite le nom de cet infortuné, le jour, le lieu, les circonstances de son empoisonnement. Ce n'est point avec mystère, c'est devant une assemblée de sept cents personnes, l'élite de la France, devant un peuple immense présent à la séance; et telle est la vérité frappante de cette terrible histoire, que pas une réclamation ne s'élève. L'assemblée la reconnoît à *l'unanimité* par un décret; elle en consacre le souvenir à *l'unanimité* par un décret; elle accorde 1200 liv. de pension au malheureux Gamin, à *l'unanimité*, par un décret; enfin tous ces décrets sont insérés au bulletin, connus de

toute

toute la France et personne ne réclame, ni dans le moment ni jusqu'à présent.

Que veut-on ajouter à de pareilles preuves ? Pense-t-on que, s'il y avoit eu le moindre doute sur un fait aussi grave, on ne se fût pas empressé depuis de l'examiner avec scrupule ? Que si l'accusation avoit été fausse, on eût été assez indifférent sur cette affreuse calomnie, pour la laisser subsister ? Quoi! il ne se seroit point trouvé, ni dans la convention ancienne, ni dans la convention épurée, ni dans le nouveau corps législatif, un seul député assez ami de la justice pour élever sa voix et demander qu'on protestât hautement contre un mensonge atroce ; qu'on ne s'en rendît pas plus long-tems complice en paroissant l'approuver ; et qu'enfin, on en rejettât l'horreur sur ceux qui l'avoient inventé ?

Mettra-t-on en doute l'existence de ce seul député vraiment honnête et courageux, et ne vaudroit-il pas autant mettre en doute sa propre existence ?

Hélas! il n'est donc que trop bien démontré que l'infortuné Gamin fût en effet empoisonné par Louis XVI. Quelques surprenantes que soient les circonstances de cette affreuse histoire, on ne peut se réfuser au témoignage universel, à l'évidence frappante, qui en garantissent la certitude ; et je ne crois pas que, parmi ceux qui en auront suivi les détails, sans prévention, il s'en trouve un seul qui ne mette hardiment son authenticité sur la même ligne que celle de tous les autres crimes du tyran et des accusations les mieux fondées qui l'ont conduit à son juste supplice.

Je ne crois pas enfin que personne me reproche d'avoir exagéré, lorsque j'ai avancé que Louis XVI avoit été un tyran plus extraordinaire, plus rare que les Tibère et les Néron.

Il est prouvé, sans réplique, par conséquent, que l'exemple et l'équité même demandent que l'on éternise, par une fête solemnelle, la mémoire de son supplice. On se convaincra bientôt que la vraie politique exige également que cette fête ait lieu.

Elle est propre, dit-on, à redoubler la haine que nous portent les rois, et à s'opposer à la paix. J'en conviens ; mais est-ce de la paix, est-ce de l'amitié des rois que l'honneur nous permet d'attendre notre repos ? Non, c'est uniquement de leur chûte, c'est de la guerre que nous devons l'obtenir.

Pour avoir une paix solide par les seuls moyens de conciliation ; pour regagner durablement l'estime, la confiance, l'attachement des autres gouvernemens , sait - on bien quels principes nouveaux il faudroit adopter ? quels sentimens il faudroit manifester , nourrir sincèrement , prendre pour règle de notre conduite, et sans lesquels nous n'aurions que des trèves sous le nom de paix, et jamais de paix réelle ? Je le sais, et je vais l'exprimer avec une entière franchise. Tous les citoyens vertueux frémiront avec moi des indignes maximes qu'il faudroit encenser ; ils jugeront si l'on peut désirer la paix à ce prix.

Voudrions-nous jamais descendre à reconnoître, ô flétrissant aveu ! qu'on pouvoit établir le régime républicain, sans immoler Louis XVI, sa sœur, son épouse, et sans faire périr lentement son fils ? qu'on pouvoit établir la république en France, sans proscrire la royauté par toute la terre ? sans insulter à tous les rois, sans chercher à les faire assassiner , sans les faire assassiner réellement, comme on fit assassiner Gustave ?

Il faudroit donc alors aussi désavouer les discours les plus beaux, les plus applaudis qui ayent jamais honoré la tribune républicaine. Il faudroit désavouer cette admirable invention de la légion des tyrannicides , de ces modernes Scœvola, qui, victimes pures de la liberté, devoient généreusement se faire écarteler par toute l'Europe, et la délivrer de tyrans ? Nous abaisserons-nous à traiter de pair avec ces tyrans, ces despotes que nous avons couverts d'un si juste mépris ? à nous unir durablement par tous les moyens de communication avec leurs vils satellites, leurs méprisables esclaves, avec ces nations plongées dans des erreurs dont nous rougissons tous les jours pour elles ?

Ne faudroit-il pas convenir aussi que les Anglais, les Allemands nous égalent en courage, et nous surpassent dans le reste ; qu'ils ont un gouvernement stable, une religion, des mœurs, et que nous n'en avons point ?

Accorderons-nous à nos lâches calomniateurs, que par-tout où nous avons porté la guerre, en Allemagne, en Italie, dans nos propres contrées, nous avons indignement violé tous les droits des nations, toutes les lois de l'honneur, de la justice et de l'humanité ? que nous avons cent fois plus avili le nom français par nos basses rapines, par nos lâches cruautés, que nous ne l'avons illustré par nos victoires ? qu'enfin, nous efforçant de propager en tous lieux la révolte, l'impiété, l'assassinat et tous les crimes ; d'armer tous les hommes les uns contre les autres ; d'ébranler par-tout les fondemens de l'ordre social, nous avons menacé la terre entière d'une dévastation sans exemple ?

Pourrions-nous consentir bassement à rendre les conquêtes que, par de plus mures réflexions, nous nous sommes décidées à garder, après avoir positivement déclaré que la France ne vouloit jamais s'agrandir ? N'avons-nous pas justifié cette conduite aux yeux des nations belligérantes, par des raisons sans réplique ? Ne leur avons-nous pas observé avec franchise, que nous restituerions volontiers nos conquêtes ; mais qu'un décret solemnel les avoit réunies à la France, et que la constitution, que nous ne voudrions pas violer pour toute chose au monde, nous défendoit expressément de les rendre ? Malheureusement, ces nations obstinées répondent toujours que ces pays leur appartiennent ; que si notre constitution nous ordonne de les garder, leur constitution leur ordonne de les ravoir, et qu'entre les volontés opposées de ces constitutions, il n'y avoit que le canon qui pût décider... Qu'il décide donc !

Faudroit-il renoncer à toutes les lumières que nous avons acquises depuis cinq ans, au point de reconnoître que, loin que la religion chrétienne soit un préjugé avilissant, rien n'est plus respectable que de voir des hommes frappés de la vérité sublime et consolante de l'existence d'un être créateur, adopter un culte touchant qui rappelle sans cesse au sentiment comme à la raison, les principes de justice et d'humanité que cet être a mis dans nos cœurs, et dont dépendent le bonheur et la durée des sociétés ; un culte enfin, qui, à ne le considérer même que par la morale si pure qu'il annonce, mériteroit encore le respect et l'admiration des hommes.

Pourrions-nous outrager le grand principe de l'égalité, ce soutien de tout état bien gouverné, jusqu'à convenir que, quoique les distinctions héréditaires puissent ne pas être indispensables parmi les hommes, elles ont cependant servi souvent la société ; que ce n'est point un préjugé d'attacher de la considération à celui qui descend d'une longue suite d'ayeux illustres ; qu'il est même si naturel de respecter ce qui nous rappelle les tems antiques, qu'on respecte involontairement une médaille, un monument, venus jusqu'à nous à travers les siècles ; que malgré les abus qu'on a pu faire de ces distinctions, elles ont l'avantage très-grand de diminuer le besoin de la force réelle, à l'aide de la force d'opinion ; qu'un homme pris parmi ses égaux, ne leur imprime jamais le respect qu'à force de mérite et de vertus ; et que ces moyens sont trop rares pour qu'on doive y compter ; que c'est envain que nous avons prétendu qu'un villageois, dès qu'il seroit revêtu d'une écharpe, se verroit obéi et vénéré de tous les autres ; que l'expérience nous prouve absolument le contraire ; voudrions-nous promettre enfin que, si nous ne rétablissons point la noblesse en France, nous nous engageons du moins à la respecter chez les autres peuples ?... Ah ! plutôt une guerre éternelle, que la paix achetée par de pareilles bassesses, par des sentimens aussi lâches, aussi dangereux.

Plutôt cent fois achever de ruiner, de dévaster la France, la voir s'effacer du nombre des puissances de l'Europe !... Mais, non ! ne craignons rien ; c'est aux tyrans seuls de trembler.

Redoublons nos efforts ; secouons sans relâche ces trônes ébranlés sur lesquels ils s'obstinent à rester ; et que l'Europe nous doive le bienfait de leur chûte.

Déjà soigneux du bonheur de nos voisins, n'avons-nous pas, sur les ruines de la tyrannie, établi la république batave? Elle s'empresse d'adopter nos sages inſtitutions; déjà on voit luire l'aurore de ses beaux jours; déjà on la voit prête à goûter tous les biens dont nous jouissons nous-mêmes depuis que nous avons rompu nos fers.

N'avons-nous pas aussi propagé dans l'heureuse Italie, l'amour du nom français et de la liberté? N'y avons-nous pas établi déjà deux illustres républiques; la république Cispadagne et la république Transpadagne? Ah! sans doute, grace à nos soins, à nos clubs, à notre exemple, elles ne tarderont pas à connoître aussi le vrai bonheur.

Enfin, n'allions-nous pas, poursuivant le cours de notre bienveillance universelle pour le genre humain, fonder de nouvelles républiques sur les bords du Rhin et du Danube, quand tout-à-coup, ô sacrilége audace! l'infâme archiduc Charles, par trahison sans doute, nous a chassés si vîte de ces contrées dont nous venions briser les fers; qu'emportant seulement leurs regrets, nous n'avons pas même eu le tems d'emporter leur argent; cet argent, juste tribut, foible acompte que nous avions prélevé sur le prix du bonheur et de la liberté que nous venions leur donner.

Ces revers passagers ne doivent que redoubler notre courage. Réjettons toute idée d'une indigne paix; achevons notre immortel ouvrage; établis-sons universellement, par la guerre, le régime républicain qui , seul, peut nous assurer le repos.

Nous verrons enfin ce moment glorieux , où tous les tyrans de l'Europe , arrachés du trône , seront traduits devant le sénat français, et viendront y recevoir leur sentence. Aussi coupables que Louis , l'équité forcera de prononcer l'arrêt de leur trépas; mais le sénat aussi clément , aussi généreux qu'il est grand et redoutable , abolissant la peine de mort en faveur de la paix générale, commuera la punition des tyrans en un banissement perpétuel.

Voilà les immortels lauriers que nous promet la guerre. Bien-loin de vouloir adoucir la haine des rois , la vraie politique exige donc que nous cherchions à la redoubler , à nous ôter à nous-mêmes enfin le lâche espoir d'une conciliation , de toute autre paix que celle que nous obtiendrons de la chûte des tyrans.

Rien n'est plus propre à ce salutaire effet que la fête de pluviôse ; et j'ose croire que le plan que j'en présente , remplira complettement les vues bienfaisantes du gouvernement.

Qu'il me soit permis d'observer , sans prétendre donner à ce plan des louanges déplacées sous ma plume, qu'il offre un avantage précieux, mal à propos négligé dans la fête dernière. On s'y contenta d'insulter aux mânes du tyran. L'idée sans doute étoit noble et louable ; mais j'ose dire qu'elle étoit incomplette. Le tyran étoit il le seul coupable ? Qu'eut-il pu faire , sans tous les perfides aristocrates qui servirent ses vues criminelles, et qui, depuis poursuivis par l'équité nationale et par le tribunal révolutionnaire, ont partagé son supplice ? Ne doivent - ils pas également partager la juste honte à laquelle on livre sa mémoire ?

Ce sont donc à-la-fois, les mânes du tyran, les mânes de ses appuis, et ceux enfin de tous les aristocrates immolés, que je me propose de livrer à la publique exécration. Tel est mon plan. Je vais en donner les détails ; je laisse à juger aux vrais patriotes, si j'ai traité dignement les nobles idées que m'ont inspirées l'amour de la république et le désir de sa gloire.

***

Au lever de l'aurore, le bruit du canon annonce que le génie, qui veille aux destinées de la républi-que, s'apprête à joindre un nouveau jour de gloire à tous ceux qu'il lui a déjà donnés. Après quel-ques décharges, le calme succède au son de l'airain bruyant. L'instant arrive enfin, où le directoire, accompagné du plus brillant cortége, se dispose à sortir de son palais ; le canon tonne alors sans interruption, avec un fracas terrible ; toute l'at-mosphère est ébranlée. Cependant les portes s'ouvrent, et le directoire paroît. A sa vue, le bruit cesse ; une musique guerrière, mais douce, des chants de triomphe y succèdent. On diroit que, fuyant à l'aspect du directoire, la discorde, tout - à - coup, ait cessé de faire entendre sa voix terrible, et replongée aux enfers, ait cédé la place à la victoire. Le cortège s'avance, annoncé par une symphonie militaire; il marche vers le lieu de la fête, qui ne peut être que celui où coula le sang du dernier tyran, le sang de tant de traîtres aussi coupables que lui.

Au milieu des ministres et des ambassadeurs, on distingue le directoire dans ses superbes voitures, resplendissantes de dorure et d'ornemens. Cette pompe plaît à tous les yeux; car, si le luxe est odieux quand il décore la tyrannie, il est louable, quand il orne la liberté. Le peuple, rassuré par cet éclat, voit bien que l'argent qu'il n'a plus, n'est pas du moins perdu pour la France entière; qu'il y existe encore de grandes richesses ; que tous ses habitans ne sont pas sans aisance.

Des groupes formés de la plus brillante jeunesse, des guerriers, des chars symboliques, font l'ornement du cortège, et attirent tous les regards.

Parmi ces chars, on remarque un char immense, chargé d'un catafalque, et traîné par huit chevaux noirs. Une draperie de la même couleur le couvre entièrement, et laisse entrevoir sous ses plis la forme d'un tombeau. Au milieu de cette draperie, on apperçoit des tiares, des couronnes, des sceptres enlacés. Le reste est parsemé d'écussons de toute espèce, de croix, de cordons, de crosses, de mitres et de tous les signes des distinctions humaines. La mort, d'une main, élève sa faulx terrible au-dessus du tombeau ; de l'autre, elle présente un sable qui est à sa fin. Le char avance lentement ; il semble conduire à la demeure de l'éternel oubli , non-seulement la royauté , mais encore toutes les institutions qui offensent la sainte égalité.

Pour marquer la joie qu'inspire aux vrais patriotes ce convoi desdistinctions anti-civiques , un groupe de musiciens , placés autour du tombeau , joue , à grand orchestre , l'air chéri : *ça ira*. (1)

A côté du catafalque , et dans un contraste frappant , on voit la république française , sous la forme d'une guerrière , placée sur un char resplendissant,

---

(1) J'observerai que , tant par rapport à l'économie qui est une des plus précieuses vertus de notre gouvernement , qu'à raison de la plus grande rapidité de l'exécution , la plupart de ces représentations symboliques s'exécuteroient en peinture , et sous la forme de décorations. Plusieurs même ne seroient susceptibles de tout leur effet , qu'étant exécutées de cette manière. Nous recommanderons la surveillance de ces décorations civiques à l'humain et modeste républicain David. Il pourroit y donner ses soins gratuitement , comme une expiation de ses erreurs involontaires. On sait , comme il l'avoua lui-même , qu'il eût le malheur d'être trompé par les fausses vertus de Robespierre. Il lui promit , dans son ardente amitié , qu'il partageroit son sort et boiroit avec lui la ciguë ; et en effet , il fut bien prêt de tenir parole et de le suivre à l'échafaud. Une protection particulière nous a conservé ce vertueux patriote ; nous espérons qu'il ne dédaignera pas nos décorations.

tiré par quatre chevaux blancs. Elle étend la main vers le catafalque ; elle le fixe d'un air impérieux et satisfait ; elle semble sourire à cette pompe funèbre, et du geste hâter sa marche. La justice et la sagesse élèvent au-dessus de sa tête une couronne étincelante, formée d'étoiles, symbole de sa gloire et de sa durée. Le Tems est à ses pieds ; il affermit la bâse sur laquelle ils reposent ; toutes les vertus l'environnent et la soutiennent. Devant elle sont deux figures assises ; l'une représente un membre du directoire dont l'extérieur annonce le bonheur et la satisfaction : il est orné de son grand costume, et chamaré d'or ; l'autre représente un pauvre, triste, harassé, couvert de haillons. Une figure de femme, vêtue à l'antique, les aligne soigneusement, place un niveau sur leurs têtes, l'examine avec une attention scrupuleuse. Elle sourit ; elle les regarde d'un air satisfait : on voit qu'elle vient de trouver l'heureux point qu'elle cherchoit.

Sur le niveau sont écrits ces mots : *Tous les Français sont égaux.*

Un orchestre, placé sur le char, exécute alternativement la marseilloise et le chant du départ.

A la suite du char de la république, on en voit un autre qui porte une vaste décoration, dont le plan principal offre un groupe représentant nos guerriers. Devant eux, on apperçoit la patrie éplorée ; elle tenoit une corne d'abondance dont sortoit une foule de trésors, et sur laquelle étoit écrit :

un milliar pour les défenseurs de la patrie ; quand tout-à-coup, ô douleur, plusieurs centaines de harpies fondent sur elle, lui enlèvent la corne d'abondance, et à la place laissent tomber, avec des ris moqueurs, dans.ses bras étendus où on l'apperçoit encore, une outre dorée, remplie de vent, sur laquelle on lit : *apparences trompeuses.*

On voit les harpies se déchirer pour le partage de ces trésors ; beaucoup tombent mortes, et leur tête est séparée du corps. Celles qui triomphent, s'emparent de tous les trésors, et en abandonnent quelques portions à des milliers de harpies plus petites qu'on apperçoit dans le lointain. A cette vue, la fureur alloit s'emparer des guerriers ; mais la gloire, chargée de couronnes de chêne, s'empresse de les leur distribuer ; elle leur montre leurs noms inscrits dans les fastes de la république : alors ils se calment, on s'apperçoit cependant qu'ils regardent encore de côté, avec un reste d'indignation, l'outre insultant resté dans les mains de la patrie.

A côté du char des guerriers, est celui de la magistrature choisie par le peuple. On distingue les administrations, les tribunaux. Auprès de chaque groupe, on remarque le commissaire du pouvoir exécutif, qui les examine d'un œil sévère. Il tient dans ses mains les faisceaux redoutables que portoient jadis les licteurs. On voit qu'il est prêt à frapper le téméraire qui oseroit essayer d'adoucir la rigueur des ordres absolus du pouvoir suprême. Les magistrats le regardent de côté d'un air craintif, et se serrent l'un contre l'autre. Derrière eux, est une figure symbolique , représentant le directoire ; d'une main, elle enlève aux magistrats qui lui déplaisent, les couronnes que le peuple vient de leur donner pour marque de son choix ; de l'autre, elle présente, en souriant, au peuple étonné, un écriteau où sont ces mots consolateurs : *C'est pour mieux assurer la souveraineté du Peuple.*

Enfin, on apperçoit un grand nombre d'autres chars portant les symboles des arts, des talens, des âges de la vie, des divers états. On remarque parmi eux celui qui présente l'allégorie du mariage perfectionné par la sage loi du divorce.

On voit deux époux qui, au lieu de porter ces nœuds indissolubles qu'avoient imaginé nos ayeux grossiers, ne sont unis que par des liens qu'attache un nœud coulant ; l'épouse sourit et paroît prête à faire glisser le nœud, en regardant divers époux nouveaux qui se présentent successivement, et qui lui montrent d'autres liens chargés de fleurs plus brillantes les unes que les autres; l'époux de son côté, sourit à de nouvelles épouses qui lui promettent un bonheur sans nuages. Au milieu de ce tableau riant, des enfans qui sont aux genoux de leurs parens, et s'efforcent de les retenir, seuls, paroissent afligés ; incapables de sentir la profonde sagesse des lois; ils pleurent, ils semblent demander qui les aimera et quelle main va les recueillir.

Cependant le cortège parvient au lieu de la

cérémonie, et s'y range en ordre ; le bruit du canon annonce son arrivée. Il cesse ; la symphonie recommence ; des danses s'exécutent de tout côté ; des troupes nombreuses de jeunes vierges, vêtues de blanc, pleines de charmes, et telles qu'on a pu les trouver dans la capitale, font retentir les airs de leurs doux accens, et répètent en chœur les hymnes patriotiques, les plus analogues à l'auguste cérémonie qui s'apprête.

Le directoire descend de ses voitures et va se placer sur l'estrade qui lui est destiné, en face de la décoration préparée pour la fête ; cette décoration qui doit rappeller les idées sublimes et terribles de ce grand jour, est vaste, élevée ; sa forme est demi-circulaire ; tout le bas de son contour spacieux, représente une mer de sang bouillonante. Au milieu de ses vagues irritées, on voit le despotisme expirant qui se débat en vain ; il succombe, il s'abîme à jamais sous les flots vengeurs, tandis que la liberté surnage en tenant d'une main l'arbre sacré qui la distingue, et aborde heureusement au rivage.

Cette mer de sang est formée de tout celui des perfides aristocrates, des traîtres émigrés, des lâches esclaves des despotes, qu'il a fallu immoler pour obtenir les inestimables biens dont nous jouissons. Des fleuves de sang, plus ou moins considérables, se jettent dans cette mer, et les noms placés à leurs embouchures, indiquent les contrées qui les ont fournis ; ainsi on y lit ces mots : *la France , l'Allemagne , l'Italie et Saint-Domingue ,* etc. etc. etc.

Tout le milieu du reste de la décoration est rempli par des têtes sanglantes qui représentent celles des principaux aristocrates immolés ; la tête du tyran plus grande que nature, occupe le milieu ; immédiatement au-dessous de la tête du coupable Louis XVI , tous les bons Français verront avec le plus vif intérêt, celle du scélérat Malesherbes , son digne ami, son digne ministre , son digne défenseur.

Sur les côtés, pour peindre beaucoup de choses en peu de place, et pour diversifier d'ailleurs l'agrément du coup d'œil , on a placé de grands câdres qui désignent les massacres faits en masse dans toute la république pour la propagation du bonheur et de la liberté ; ils sont remplis d'une foule de petites têtes de mort qui, de loin, paroissent se toucher , et qui, en contraste avec les autres têtes de grandeur naturelle , encâdrées séparément, présentent un spectacle infiniment intéressant et pittoresque. Chacun de ces tableaux porte le nom du lieu de la scène ; ainsi : *massacre de Paris, massacre de Lyon , massacre de Nantes ,* etc. etc. etc.

Sur le sommet, et au milieu de la décoration, s'élève une statue colossale , emblême de la royauté ; sa main porte le sceptre, son buste est terminé par deux têtes couronnées ; l'une est celle de Néron , l'autre celle de Titus. Près de cette statue est celle du génie de la république , sous

la

la forme d'Hercule armé de sa massue ; de cette
massue terrible il menace les deux têtes à-la-fois ;
on voit qu'il va les écraser du même coup ; symbole de la haine générale des Français pour tous
les rois. Sur le piédestal de la statue aux deux
têtes, on lit cette inscription :

Rois, n'espérez jamais, à force de vertus,

Dans le cœur des Français obtenir quelque place :

    Nous vous haïssons tous en masse,

    Depuis Néron, jusqu'à Titus.

En rabaissant les regards sur la tête du tyran,
on voit au bas cette autre inscription :

Jamais, jusqu'à nos jours, le ciel dans sa colère,

D'un si rare tyran n'avoit surpris la terre.

Il parut vertueux jusqu'au bord du tombeau ;

    Pour dévoiler son caractère,

    Il fallut qu'un secret flambeau

    Aux sages prétant sa lumière,

Leur montra des forfaits cachés à l'œil vulgaire :

Et, sans eux, par un art difficile à prévoir,

Il eut été tyran sans qu'on en pût rien voir.

E

Enfin, au bas de la tête de Malesherbes, sont placés les vers suivans :

Il employa sa vie à mériter sa mort ;

Défenseur de Louis, il partagea son sort ;

Et sans doute il devoit, autant que lui coupable,

Voir terminer ses jours par un destin semblable.

***

Après que tout le cortège a contemplé quelque tems les emblêmes que présente la décoration, la musique cesse, les chants s'interrompent, les danses s'arrêtent ; le président du directoire se lève ; il commence son discours par l'éloge du régime républicain en général ; il cite l'exemple des anciennes républiques de la Grèce et de l'Italie, leur gloire, leur renommée, leurs triomphes. Il observe que si les citoyens y étoient toujours en guerre entr'eux ou avec leurs voisins ; si les troubles, les divisions les agitoient perpétuellement ; si les lois y changeoient sans cesse ; si, à chaque instant, la tyrannie s'y établissoit et avec elle les proscriptions et les ravages, ces inconvéniens passagers avoient encore leurs douceurs, puisqu'ils étoient soufferts pour la liberté.

Il remarque d'ailleurs que quelqu'extrême que soit notre modestie, nous ne pouvons point cependant nous comparer à ces anciens peuples, plongés dans l'erreur, livrés à tous les préjugés que nous avons détruits ; que les Français, si prodigieusement élevés au-dessus d'eux par leur sagesse, leurs vertus, la constance, la fermeté de leur caractère, devoient l'être également par leur bonheur, et n'auroient certainement du régime républicain que les avantages, sans aucun des inconvéniens.

Il passe ensuite à l'éloge particulier de la république française; il n'entre point dans les détails, les bornes de son discours ne le permettent pas; il observe seulement que la manière rapide dont elle a reçu ses lois nouvelles, est du plus heureux présage, qu'elle tient du prodige, et qu'on la croiroit surnaturelle, si l'on pouvoit croire à quelque chose de surnaturel. En effet, ajoute-t-il, l'immortel Montesquieu a mis vingt-ans à composer son ouvrage et à donner sur la législation quelques réflexions générales, dont encore il avoue lui-même les défauts; et la commission des onze, en quelques semaines, nous a donné un gouvernement complet, où il n'en existe aucun.

Il s'étonne et s'indigne de l'aveugle perversité des scélérats qui osent dire que tout n'est point parfait dans notre constitution actuelle. Il invite le peuple français à en délivrer la patrie, s'il parvient à les connoître; il assure ensuite protection et faveur aux vrais patriotes qui, ouvrant les yeux à la lumière, voyent clairement qu'il n'y a rien sur la terre de plus admirable que la constitution, rien de plus sage que le corps législatif, rien de plus respectable que le directoire et ses agens. Il félicite ces vertueux citoyens sur la justesse de leur discernement, et réduit les devoirs de l'homme libre envers le gouvernement, à deux principes bien simples : *admirer et obéir*.

Enfin, par un contraste intéressant et dont les fastes de la révolution offrent souvent de précieux exemples, le président, en face de cette mer de sang, entouré de ces têtes pâles et défigurées, de ces images de la mort et de la vengeance, fait l'éloge le plus touchant de l'humanité, de la clémence, de la générosité, de la grandeur d'ame, de toutes les vertus compâtissantes.

Il annonce hautement que, sans elles, il n'y a point de vrai gouvernement, et sur - tout, point de république. Il prouve ensuite, avec cette force de logique que la révolution a donnée aux Français, que c'est au nom de toutes ces vertus, et principalement de l'humanité bien entendue, qu'il faut de tems en tems, pour le vrai bonheur des grandes sociétés, renverser de fond en comble, l'ancien édifice de leurs institutions, et les purger de quelques milliers de scélérats qui sont devenus trop riches, et qui insultent de leur aisance la multitude souveraine. Il observe que ces sévérités nécessaires ne sont que des orages passagers, et ne font que resserrer plus étroitement entre les hommes, les liens de l'union fraternelle.

Il rappelle enfin les crimes affreux du tyran, tous les maux qu'il préparoit à la patrie, sa soif du sang des Français, et cet art dangereux qui lui auroit fait cacher ses forfaits à des yeux moins pénétrans que ceux de ses juges.

Il blâme, avec franchise, la clémence déplacée, d'après laquelle on lui fit expier tant de crimes par un suplice trop doux. Il excuse cependant les juges sur l'humanité, qui, dans les cœurs généreux parle toujours, même en faveur des plus coupables. Il rend d'ailleurs à leur intégrité, à leurs vertus, à leur impartialité, la justice qui leur est dûe. Il passe rapidement sur toutes ces verités trop connues, et dévoue à l'exécration la mémoire du tyran et de tous les condamnés. Il dévoueroit bien aussi ces scélérats même aux flammes vengeresses de l'enfer; mais heureusement pour eux, il n'y croit point. Trop élevé au-dessus des préjugés, il est bien sûr qu'à la mort tout est fini pour l'homme. Il se contente donc d'appeller la douleur, les larmes, l'infortune amère et durable sur leurs veuves et leurs orphelins; de désirer qu'aucn regret n'accompagne le souvenir de ces infâmes, et qu'à la haine près des vrais patriotes, ils soient livrés au plus entier anéantissement... A ce mot, et comme pour exécuter le souhait du président, le feu prend à toutes ces têtes combustibles, et présente un spectacle aussi frappant qu'inattendu. En un instant, il ne reste plus rien de cette vaste décoration; mais derrière la place qu'elle occupoit, paroît un monument qu'elle déroboit aux regards.

On apperçoit une statue représentant le corps législatif, et qui, semblable au Janus des Romains, a deux visages : l'un est celui d'un homme dans la force de l'âge; l'autre, celui d'un vieillard, symbole du conseil des cinq cents et de celui des anciens ; à côté d'elle , sont les balances de la justice. Ses deux mains sont employées à tenir avec plus de force un glaive redoutable qui brille devant elle. Sous ses pieds , on remarque des têtes, des ossemens dispersés, tous les débris des tombeaux qu'elle a renversés , et dont elle semble insulter les restes. Parmi ces débris, on distingue des sceptres, des couronnes , mêlés d'une foule de croix, de cordons et de toutes les marques dis-tinctives données par le royalisme.

Sur le piédestal , on lit l'inscription suivante:

Cessez de vous vanter, ô ! rivages du Tibre !

D'avoir produit l'ancien Brutus.

S'il chassa les tyrans , s'il rendit Rome libre ,

Si , dans ses austères vertus ,

A sa patrie immolant la nature,

Il sût en étouffer le douloureux murmure ,

Et , sans pâlir , condamner ses enfans :

Sur les bords de la Seine , une auguste assemblée

Donne des exemples plus grands ;

Une voix plus puissante est par elle étouffée ,

Sous le cri de la gloire et de l'honneur français.

Que la terre apprenne à jamais,

Qu'en vain, le malheur , la mort même

Ont invoqué leurs tristes droits !

Qu'au milieu des débris sanglans du diadême

unissant au tyran les soutiens de ses lois,

Ce sénat qui, par hécatombe,

Les vit expirer sous ses coups,

Fidèle au plus noble courroux,

Les poursuit encor dans la tombe.

———

Le président, après son discours, s'avance vers ce monument, et là, au nom du directoire, il prononce le serment d'amour à la république et de haine à la royauté.

Je crois devoir observer, à cet égard, que quelque louable qu'ait été l'intention qui a dicté, l'année dernière, la formule adoptée pour le serment, on a trouvé universellement qu'elle étoit incomplette et manquoit de chaleur. En conséquence, le président adopteroit la formule suivante qui, en donnant à ce serment sacré toute la force et la généralité qu'il doit avoir, le rendroit la joye complette des républicains, et le désespoir éternel des royalistes.

Voici les paroles qu'il prononceroit :

« Je jure d'adorer à jamais la république, quelque forme qu'elle puisse prendre ; de chérir, de respecter tous ceux qui la gouverneront, quelque conduite qu'ils puissent avoir. Je jure de haïr éternellement, et de toutes les puissances de mon ame, tous les rois, passés, présens et à venir, sur tous les points

de la terre habitable , et jusques dans les globes qui nous environnent , si jamais notre vue agrandie par l'art , pouvoit nous y en faire soupçonner ».

———————

Le cortège, tout le peuple en chœur, répèteront aussi-tôt, en poussant des cris de joye:.. *Nous le jurons de même.* Enfin, on verroit peut-être, jusqu'aux ambassadeurs des rois, versant des larmes d'émotion à l'aspect de l'enthousiasme universel, et ne pouvant s'empêcher de le partager, s'écrier dans leur transport involontaire... *Nous le jurons aussi...*

Après le serment, le bruit du canon annonce la fin de la cérémonie et le retour du cortège qui se fait dans l'ordre qu'on a déjà dépeint, et aux cris mille fois répétés de mort à la royauté! vive la république! vive la justice, la sagesse, la clémence, la générosité, la grandeur d'ame du sènat français!

Tel est le vaste plan que j'ai conçu et que j'offre à ma patrie; puissent ses ennemis ne pas en empêcher l'exécution! puissé-je, pour unique récompense de mes veilles, la voir s'accomplir! j'aurai assez vécu, si je vois ce grand jour, et mes yeux fixeront sans regrets la tombe où je dois descendre, si, avant de se fermer, ils ont vu fouler aux pieds celle des tyrans.

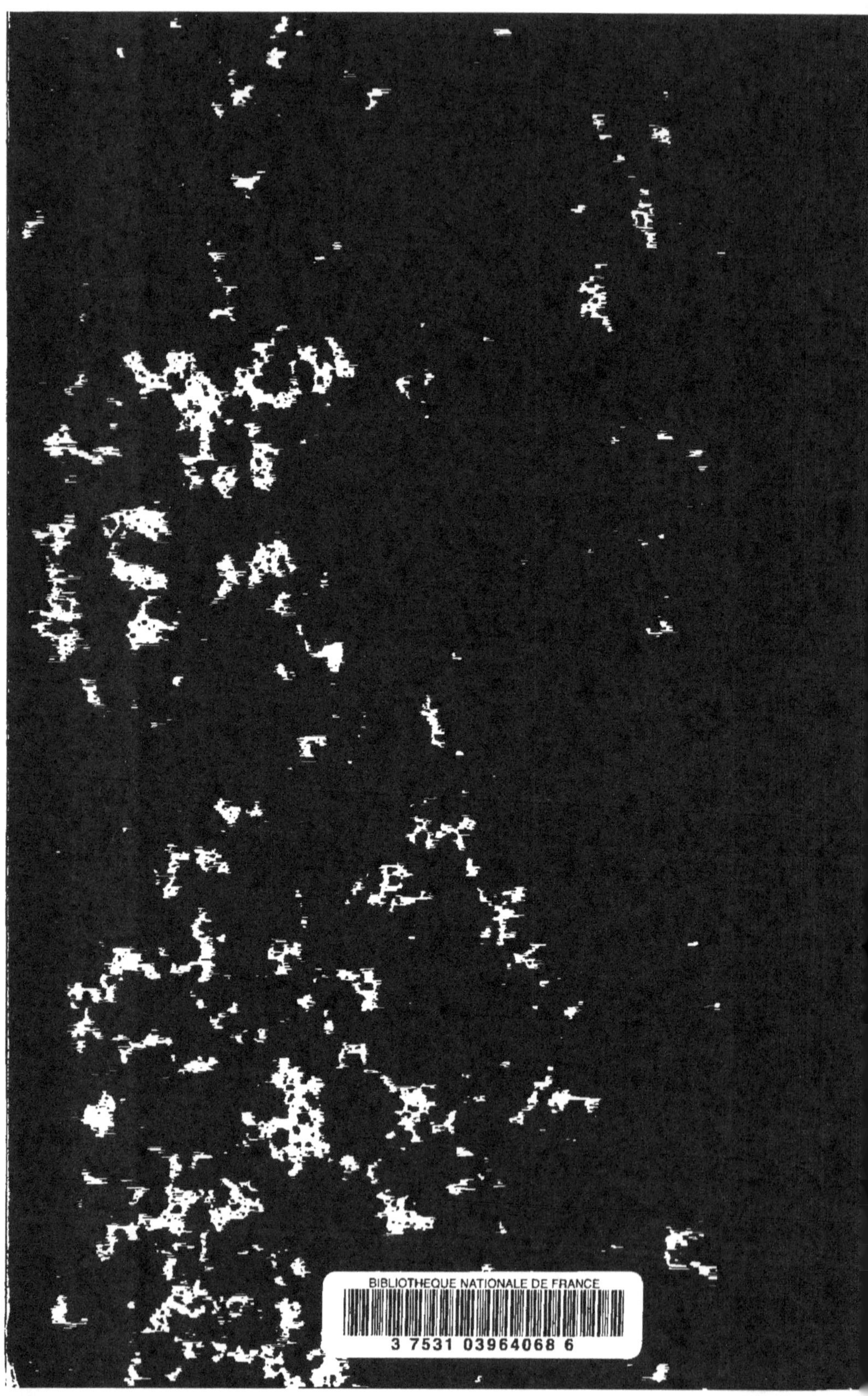